Mona Lisa in Bangoulap

A R N O   B E R T I N A

Mona Lisa in Bangoulap

Die Fabel vom Weltmuseum

Aus dem Französischen

und mit einem Nachwort

von Bénédicte Savoy

Matthes & Seitz Berlin

Für Mathilde

Im Juli 2014 traf ich Seine Hoheit Yonkeu Jean aus Kamerun. Bob (Yves-Pascal) von der Fondation Gacha stellte mich ihm vor. Da ich mich zu dieser Zeit in Bangoulap aufhielt, was zu seinem Königreich gehörte, war es geboten, ihm durch meinen Besuch den angemessenen Respekt zu erweisen. »Was zählt, ist nicht die Liebe. Es sind die Beweise der Liebe«, hatte mir einige Tage vorher Nicolas Fargues gesagt. Doch die Situation war exotisch – und blödsinnigerweise meinte ich, dies gegenüber dem Bamileke-Herrscher gleich zu Beginn der Audienz noch einmal betonen zu müssen: »In Frankreich haben wir nicht mehr viele Könige.« So sehr ich in meiner Familiengeschichte oder der meiner Freunde suchte, eine vergleichbare Begegnung ließ sich nirgends finden. Ich musste an unserem Stammbaum schon sehr weit hinunterklettern, um herauszufinden, dass eine meiner Urgroßmütter im Jahr 1911 der Königin von Griechenland vorgestellt worden war. (In einem Brief an ihre Eltern, Klavierbauer in Pontarlier in der Franche-Comté, beschrieb sie das stundenlange Warten, bevor die Delegation der französischen Offiziersfrauen nacheinander zuerst von der Dritten, dann von der Zweiten und schließlich der Ersten Kammerzofe empfangen beziehungsweise »inspiziert« wurde. Erst nachdem diese ihre Garderobe und die Angemessenheit ihrer Ausdrucksweise geprüft hatten, wurde ihnen der Zutritt zum Vorzimmer gewährt. Am Nachmittag wurden sie endlich zur Königin vorgelassen, ausgelaugt durch das nicht enden wollende Durchqueren der Etagen und Korridore des Palastes, immer befürchtend, dass die schneeweißen Handschuhe staubige Spuren dieses Labyrinths zeigen würden.)

Bob und ich mussten uns lange gedulden, während wir allein in den drei der Öffentlichkeit zugänglichen Räumen der Chefferie auf den Fon warteten.[1] Ich nutzte die Zeit, um alles zu fotografieren, ohne dass es mir dabei ganz wohl war: Während der Ort in diesem Moment dazu einlud, sich unbeobachtet zu fühlen, ließ seine Aura nicht vergessen, dass man jederzeit in einer unangemessenen oder verfänglichen Situation überrascht werden könnte.

Zuerst dachte ich, die Verspätung des Fon sei Absicht. »Eine Praxis, so alt wie die Machtausübung selbst!« Doch dann erinnerte ich mich an eine Begegnung mit dem kamerunischen Schriftsteller Eugène Ebodé. Als ich meine wöchentliche Radio-Chronik bei France Inter abgab, weil ich nach Rom umzog, sollte Eugène diese übernehmen. Die Produzentin hatte deshalb eine gemeinsame Sendung geplant, als Übergabe *on air* sozusagen. Doch als die Sendung nach zwei Stunden beendet war, war Eugène immer noch nicht da. Ich hatte meine Chronik allein präsentiert, und die Moderatorin Paula Jacques war wütend und vor allem beunruhigt: Die Ablösung schien schwierig zu werden und sich vor allem wenig verlässlich zu gestalten. Fünf Minuten später, als wir uns gerade voneinander verabschiedeten, kam Eugène lächelnd herein. Als Paula ihm den verpatzten Einstand vorwarf, antwortete er laut lachend: »Ihr Europäer habt alle Uhren; wir in Afrika haben Zeit.« Ich musste sehr lachen über die lässige Souveränität, mit der Eugène auftrat. Paula war sehr viel weniger zum Lachen zumute, ebenso wie der Produzentin.

Dieser Spruch erklärte auch mein Warten an diesem Tag – viel mehr zumindest, als der Wunsch des Königs, einem einfachen französischen Besucher seine Macht vorzuführen. Der Fon zeigte sich dann auch wirklich sehr offen und gastfreundlich; obwohl ich mit leeren Händen erschienen war, was er mir nicht übel nahm – andere hätten mir das zum Vorwurf gemacht, denn dass ein Besucher Geschenke mitbrachte, wurde erwartet, erklärte mir Bob etwas später. Dieser Fon jedoch nicht. Er bot mir, und auch Bob, stattdessen ein frisches Bier an.

Wir hatten uns vom Hügel Boutanga, der schon fast in den Wolken zu verschwinden scheint, auf den Weg hinunter in die Chefferie gemacht, überschüttet mit Ratschlägen – wie diese SMS, die mir zuerst sehr rätselhaft erschien: »Vergiss auf keinen Fall, dreimal in die Hände zu klatschen, wenn er eintritt.« Der Eingang der Chefferie befindet sich gleich neben dem Asphalt (d. h. der Straße, welche mitten durch das Dorf führt, damit man ohne große Umwege nach Bangangté gelangen kann). Auf beiden Seiten des Eingangs – zwei Löwenskulpturen. Wenn sie auch etwas zu hager wirken und sich beinahe wie Tänzerinnen zu bewegen scheinen, signalisieren sie doch, wie auch die Fresken und die Form der spitzen Dächer gegenüber, die Wichtigkeit der hier residierenden Person – der wichtigsten von Bangoulap. Dies ist die erste Stufe, es folgen weitere, jede mit einer symbolischen Bedeutung – die Chefferie spiegelt den Kosmos und die aus diesem abgeleitete soziale Ordnung wider. (Sicher verhält es sich im Abendland ebenso, doch nur wenige Menschen können diese Ordnung lesen, wenn wir durch die uns vererbten Schlösser spazieren, durch die Paläste der Republik wandeln. Müssen wir Ethnologen unserer eigenen Gewohnheiten werden? Ja und nein; auch ohne sich selbst zu studieren, wissen die Kameruner, den Grundriss der Chefferie mit den Göttern und Geschichten zu verbinden, welche die Basis ihrer Gesellschaft bilden.)

Bob und ich gehen hinein. Doch niemand zeigt sich. Wir betreten einen ersten Raum, ähnlich einer Säulenhalle, die allen Winden geöffnet ist. Jagdszenen an der Wand, aber skizzenhaft oder unfertig – das Bildprogramm ist nur angedeutet, es gibt keinen Hintergrund. Eine Art Entwurfsreihe vor dem Hauptraum, den wir im Anschluss an einen sehr sonderbaren Korridor betreten. Hier stehen wir nun vor einem Fries, der 100 Meter der Wand überspannt und die Namtchema[2], Notabeln, Krieger und Jäger zeigt. Auf dem Boden davor oder an die Pfeiler gelehnt, welche als Stützen des Blechdachs dienen, Totems, Felle und Holzreliefs. Ich berausche mich am Fotografieren, knipse alles ohne jede Zurückhaltung und aus allen möglichen Blickwinkeln, denn Bob bremst mich nicht;

während der Reise, oder in Bangangté, werden mir noch böse Blicke zugeworfen oder ich werde sogar angegriffen, sobald ich meinen Fotoapparat heraushole.

Bob wird mir das alles erklären, die symbolische Wichtigkeit jedes Objektes, Ihre Majestät wird endlich eintreffen, und ich werde ins Fettnäpfchen treten, wie ich am Anfang beschrieben habe. Wäre er nicht so freundlich, hätte er angriffslustig geantwortet: »Wollen Sie mir jetzt auch noch erklären, wie die Guillotine funktioniert?« Um meinen Fauxpas zu überspielen, ergehe ich mich nun fast schon auf der Grenze zur Liebedienerei in einer Lobrede auf Kamerun, wo die traditionellen Machtstrukturen und die modernen oder vielmehr abendländischen Verwaltungsstrukturen (Abgeordnete, Senatoren, Bürgermeister etc.) so wunderbar miteinander im Einklang funktionieren. Das Oberhaupt von

Bangoulap ist, um nur ein Beispiel zu nennen, gleichzeitig auch Standesbeamter. Und wenn nun die kamerunische Gemeinschaft im Ausland – sei es in Kanada, Frankreich oder Großbritannien – ein Problem hat, ist er es, der eingeladen wird, wobei die Reise durch eine Spendenaktion finanziert wird. Weder der Bürgermeister noch der Abgeordnete können an seine Stelle treten. Aufgrund seiner Bedeutung bereist der Fon immer wieder die Welt. Er kennt Paris, zählt mir die Stationen der Linie 4 auf (mit besonderem Interesse für »Château Rouge« und »Château d'Eau«), erzählt vom 18. Arrondissement und vom Musée du quai Branly.

Ich schäme mich, es noch nicht zu kennen, während er es bereits zweimal besucht hat. Sehr vorsichtig formuliert er seine Empörung über die Höhe des Eintrittspreises – 12 oder sogar 15 Euro. Besonders regt ihn dies auf, da man in der Ausstellung eine Skulptur aus dem Gebiet der Bamileke bewundern kann. Bezahlen, um ein Werk der eigenen Vorfahren sehen zu dürfen? Er gibt zu, dass diese Kunstwerke hier sicher den Termiten zum Opfer gefallen wären. Manchmal passierte dies innerhalb kürzester Zeit. Aber ich komme im Gespräch auf seine letzte Bemerkung zurück: Dem Kultusminister wäre ein genialer Coup gelungen, hätte er die Idee gehabt, allein die Franzosen für den Zutritt zum Musée du quai Branly bezahlen zu lassen – und allen anderen Nationalitäten freien Eintritt zu den Sammlungen zu gewähren, oder zumindest den Afrikanern, Indianern und den Asiaten, deren Länder von Kolonialherren unterworfen worden waren. Dem Fon gefällt diese Idee, wir alle drei lächeln bei dem Gedanken daran. Und wechseln das Thema (der Internet-Stick, den der Fon beim chinesischen Händler gekauft hat, funktioniert nicht, er benötigt Bobs Wissen – Yves-Pascal, wissen Sie noch, wie es geht? –, um ihn einzurichten).

* * *

Im April 2016 gab es eine Fortsetzung dieser Szene. Ein Freund, der als Fremdenführer arbeitete, schrieb mir eine E-Mail. Er erinnere sich daran, dass ich dort gewesen war, vielleicht würde es mich interessieren: Mehrere kamerunische Könige hatten ein Schreiben an die Direktion des Musée des Arts premiers adressiert, »mit Abschrift an die Ministerin«, wie der Brief präzisierte. Der diensthabende Kurator hätte ihn beinahe für das Werk eines Witzboldes halten können, doch bewies paradoxerweise gerade der Stil die Authentizität des Briefes. Die Versammlung der Chefs der Bamileke forderte freien Museumseintritt für das Volk der Bamileke (ungefähr 200 000 Seelen). Der Kurator erwähnte diesen Brief in der Dienstversammlung.

Natürlich musste jedoch niemand entscheiden, dass der Brief ohne weitere Reaktion zu den Akten gelegt würde. Jeder hatte ihn innerlich bereits kommentarlos abgeheftet.

Als im folgenden Herbst ein weiterer Brief eintraf, identisch mit dem ersten, erfuhr ich davon aus der Zeitung. Dem Schreiben von April war ein langer Absatz hinzugefügt worden: Darin ging es, ohne große Umschweife, jedoch sehr blumig formuliert, um einen Antrag, den die Versammlung der Oberhäupter bei der Unesco, der Europäischen Union oder auch der französischen Regierung einreichen könnte (welche viele Kameruner mindestens genauso gut kannten wie diejenige von Paul Biya – der etwa dreißig Jahre Präsident Kameruns gewesen war – oder die seines Nachfolgers). Wenn man den freien Eintritt nicht gewährte, würden die Anführer der Bamileke in diesem Antrag die Restitution der drei

Kunstwerke aus ihrem Kulturerbe fordern, welche das Museum ausstellte.

Das Thema Restitutionen hatte seit den Neunzigern immer mehr Brisanz bekommen, nachdem sie über lange Jahre hinweg lediglich ein frommer Wunsch waren, der nur von Zeit zu Zeit zu nationalistischen Zwecken instrumentalisiert wurde (z. B. als Griechenland die Rückgabe der Parthenonfriese durch London forderte). Jetzt aber waren die verschiedenen internationalen Organisationen immer mächtiger geworden und konnten dadurch auch ihr Regelwerk besser durchsetzen. Diese transnationalen Instanzen, welche durch die westliche Welt erfunden wurden, weshalb sie sich auch lange erlaubt hatte, sie gering zu schätzen, trieben sie nun in die Enge. Die internationalen Organisationen versammelten inzwischen so viele Mitglieder, dass keines unter ihnen noch Minderwertigkeitskomplexe haben musste. Sie hatten mittlerweile einigen Fällen von Restitutionsforderungen ihre Aufmerksamkeit geschenkt oder sie gar zu ihrer Sache gemacht und manchmal auch zum Erfolg geführt, zur großen Überraschung der betroffenen Parteien (von den wichtigsten Antiquitätenhändlern und Auktionatoren weltweit bis zu den kleinen ausgeraubten Staaten und großen Museen, die damit begannen, die Provenienzen der bedeutendsten Kunstwerke in ihren Sammlungen zu überprüfen). Die jüdischen Kunstsammler, welche von den Nazis ausgeraubt worden waren, oder solche Staaten, die sich zur Kollaboration mit den deutschen Besatzern gezwungen sahen, aber davon selbst nicht profitiert hatten – all diese Parteien begannen Hoffnung zu schöpfen, einige der Gemälde zurückzuerlangen, die ihnen gehört hatten. Und die – in den meisten Fällen – von Göring beansprucht worden waren und später im Besitz einiger deutscher Museen landeten – wenn sie nicht in Schweizer Bankschließfächern verschwanden.

Die Dienstversammlung des 2. November 2016 widmete sich vollständig diesem zweiten Brief beziehungsweise dem neuen Ansatz, den er enthielt. Niemand kommentierte mehr den blumigen Stil, die Arabesken und »Kamerunismen«. »Sie wissen wie ich, dass der Thron von Bangoulap eines der Meisterwerke des Museums ist. Weshalb er in fast allen Flyern abgedruckt ist und im letzten Jahr für die Plakate ausgewählt wurde, welche man an die Schulen verteilte. Mir fällt gerade wieder ein, dass er auch in allen fünf Publikationen vorkommt, die das Museum über sich selbst herausgegeben hat … Wir können uns nicht leisten, die Unesco gegen uns zu haben.« Um so weniger, da das Museum sich als Hommage an ebendiese Zivilisationen verstand, zu deren Repräsentant der Fon von Bangoulap in dieser Sache avancierte. Wie sollte man erklären, dass man die Nachkommen so wenig achtete, dass man es nicht einmal für nötig hielt, ihren Brief zu beantworten …? Es ging hier leider um die Ethik des Museums, die wissenschaftliche Dimension zählte daneben, zumindest in den Jahren 2016 und 2017, nichts oder nicht viel. Eine einzige ethische Fehlentscheidung, und die Glanzleistung, die Frankreich mit der Erneuerung des Musée de l'Homme gelang, die große architektonische Geste von Jean Nouvel,[3] wäre vergessen, ausgelöscht. »Es ist unmöglich, die Heimat von Claude Lévi-Strauss und Jean Rouch zu sein und gleichzeitig Ethnie mit Missachtung zu begegnen.« Und jeder hier im Musée du quai Branly, und besonders die, die vorher am Trocadéro im Musée de l'Homme gearbeitet hatten, wussten, dass die Provenienzen der Sammlungsstücke größtenteils lückenhaft und undurchsichtig waren. Natürlich versicherte man, dass die Werke legal erworben worden wären, hatten doch sicher einige der Entdecker oder Repräsentanten des französischen Staates – wenn es nicht sogar Wissenschaftler waren – die Objekte gegen ein paar Münzen, kleine Mitbringsel oder auch unterschwellige Drohungen eingetauscht. Freilich war darunter keine einzige Akquisition, die nicht angreifbar wäre. Und man konnte behaupten, dass man sie durch den Diebstahl vor der Zerstörung gerettet hatte. Doch klang das alles ziemlich schräg.

Als im April 2017 den Bamileke der freie Eintritt gewährt worden war, ließen sich die sie beratenden Juristen Zeit, ihren Kater loszuwerden (die Nachwirkungen des Genusses von Palmwein sind ungleich länger zu spüren als die eines Bergerac oder Cahors, und die Feier war sehr schön gewesen, voller Leichtigkeit). Sobald die Kopfschmerzen verflogen waren, befand man, dass dieser Sieg sehr leicht errungen worden war. »Ohne ihre nicht zu unterschätzenden Verdienste verringern zu wollen, werte Kollegen, müssen wir zugeben, dass etc.« Tiefer Diener und Pas de deux. Im grauen Morgenlicht der Terrasse (die der Taverne des Vainqueurs – der Siegreichen – in Bangangté) hatten sie sich auf die Unmöglichkeit verständigt, sich in die Köpfe ihrer französischen Amtskollegen hineinzuversetzen. Doch irgendetwas war ganz offensichtlich faul: Dass die Franzosen in dieser Sache so leicht eingelenkt hatten, war ein deutliches Zeichen dafür, dass hier für sie mehr auf dem Spiel stand; dass sie sehr froh darüber waren, dass die Stammeschefs sich mit dieser Forderung begnügt hatten. Der juristische Rat konnte nicht herausfinden, was dahintersteckte, doch sie beschlossen, in diesem Sieg nur eine erste Etappe zu sehen: Mit diesem Vorstoß sahen sie sich gänzlich unerwartet auf der Schwelle einer uneinsehbaren Schlucht von Möglichkeiten, die es weiter auszuloten galt.

»Lasst es uns Stück für Stück angehen«, schlug der König von Bangoulap den anderen Fons vor, als sie sich im Herbst trafen. Und im darauf folgenden April (des Jahres 2018) forderten sie – wieder auf der Basis desselben Druckmittels der Restitutionsforderung –, dass die Wanderausstellungen, welche dieses oder jenes der Sammlungsstücke des Quai Branly zeigten, für die Angehörigen der Nationen, aus denen die Kunstwerke stammten, auch kostenfrei zugänglich sein müssten. Mit einem Anflug von Listigkeit fügten sie hinzu, dass der Begriff *Nationalität* sich hier auf die gesamte Volksgruppe entsprechend den modernen Grenzen und nicht allein auf die Ethnie beziehen sollte – besaßen doch weder die Bamileke noch die Bamun oder die anderen ethnischen Gruppen in Kamerun ethnische Ausweispapiere. Wenn also ein Kunstwerk aus der Region von Bangangté in Köln, Perugia oder Budapest ausgestellt würde, müsste diese Ausstellung allen Kamerunern frei zugänglich sein – ohne Unterschied, damit die Kartenverkäufer und Aufseher nicht zu große Schwierigkeiten hätten: Es gab keine Alternative, denn subtilere Unterscheidungen hätten viele Institutionen überfordert. Entweder Sie schrecken die Museen auf Anhieb ab oder Sie setzen sie endlosen Verwaltungs- und Gerichtsprozessen aus, durch die sie letzten Endes zum gebrannten Kind werden. (»Wunderbare Fürsorglichkeit«, musste man sich daraufhin in Paris und Brüssel gedacht haben, als man diese neue Forderung las. »Und vielen Dank, dass Sie sich um die Moral in unseren eigenen Reihen kümmern.«)

Eine Zeitlang wurden auch kostenlose Visa gefordert; vor allem um die Logik der Sache bis zum Ende zu verfolgen, aber auch, um zu zeigen, dass es noch eine breite Marge an möglichen

Forderungen gab. Die Bewohner des afrikanischen Kontinents sollten die Ausstellungen, in welchen dieses oder jenes Kunstwerk ihrer Volksgruppe oder aus ihrer Gegend ausgestellt wurde, uneingeschränkt kennenlernen können. Die gängigen Kosten eines Visums, zwischen 90 und 110 Euro, dürften nicht zu einem indirekten Eintrittsgeld werden, jetzt, da der freie Eintritt der Museen beschlossen war. Wie sollte man diese Kosten aber anders deuten, fand doch niemand eine verständliche Erklärung für eine Gebühr für einen einfachen Stempel in einem kleinen Heft, der keiner weiteren Nachforschungen bedurfte.

Wunderbare Fürsorglichkeit, sicher. Entnervt und vor allem ermüdet von dieser regelmäßig wieder aufflammenden Auseinandersetzung, welche jedes Mal neue und unerhörte Auswüchse annahm (wie der Nachtrag zu den Visa, exzentrische Verästelungen, lianenhafte Wucherungen, unaufhaltsame Wurzeln, welche in den Köpfen der zuständigen europäischen Beamten sehr schnell ganze Bereiche des französischen und europäischen Rechtssystems durchflochten hatten), sahen die Kommissionen »Afrika« und »Kulturelle Angelegenheiten« sich vor einem bodenlosen Abgrund, der sie zu verschlingen drohte: Der Gedanke, alle Ausstellungen der ›arts premiers‹[4] (Sonder- ebenso wie Dauerausstellungen) mit freiem Eintritt zu zeigen, schien eine radikale und haarsträubende Lösung. Das Dilemma stellte sich damals folgendermaßen dar: Unentgeltlichkeit oder Untergang der ›arts premiers‹ auf dem europäischen Kontinent – doch man stelle sich vor, die Quechua forderten im Namen der Inka alle im Museo Oro del Peru oder im Museo Larco, beide in Lima, ausgestellten Objekte und Schmuckstücke zurück; oder, weiter im Norden, die des Museo del Oro in Bogotá? Urplötzlich stand auf einmal die ganze

Welt kurz davor, kostenlos zu werden … Doch wie immer bildeten sich schnell Lager heraus, und die Diskussion war hitzig (davon zeugen einige Artikel aus der *Times* und der *La Repubblica*: Während die einen lieber auf solche Ausstellungen verzichten wollten, als sich den Forderungen einiger Dorfvorsteher aus dem Westen Kameruns zu beugen, befürchteten die anderen, dass uns ohne die Kopfbedeckungen, Totems und Möbelstücke die Verbindung zu unseren ältesten Wurzeln verloren gingen. »Die erste Frau, Lucy, stammt aus dem Großen Afrikanischen Grabenbruch; sie ist unsere Urahnin. Wenn wir auf die ›arts premiers‹ verzichten, sagen wir uns damit nicht von unserer kolonialen Vergangenheit los und von den Raubzügen, die damit einhergingen? Vielmehr schneiden wir uns von unseren ältesten Wurzeln ab, so alt, dass wir sie nicht mal mehr kennen …« Die Abgeordneten waren von ihren eigenen Worten überrascht.

Und an manchen Vollmondabenden zuckten sie sogar beim Klang ihrer eigenen Stimme zusammen: »Nachdem sie jahrzehntelang in den afrikanischen Steppen und im Dschungel von ›unseren Vorfahren, den Galliern‹ gepredigt hatten, versäumten es die Europäer, ein eigenes Museum der ›arts premiers‹ zu schaffen, welches das Pendant zum Quai Branly hätte sein können. Durch dieses Versäumnis haben sie Lucy offiziell anerkannt.« Als die Presse aus Kamerun Europa erreichte, als man dort Überschriften wie »Die Bamileke-Wurzeln Europas« las, verstanden die Europäer, dass die afrikanischen Journalisten ihre eigene Argumentation übernommen hatten. Sie mussten trotzdem dennoch über die Ungeheuerlichkeit dieser Behauptung lachen. Dabei war ihnen bewusst, dass all die mit magischen Ideen verbundenen Objekte von einer Welt zeugten, die auch die unsere, in Europa, gewesen war und die wir nicht mehr zu verstehen vermochten; die Rituale wurden nicht mehr gelebt, Archäologen bemühten sich darum, den Sinn ihrer Funde zu rekonstruieren; die Verbindungen zu unserer Vergangenheit hatten sich über lange Zeit hinweg immer weiter aufgelöst – und mit ihnen das Eingeschriebensein unserer Existenz in ein viel größeres Ganzes. Ein Ganzes, für welches viele Experten uns bereits seit zehn oder zwanzig Jahren zu sensibilisieren versuchen, indem wir unsere alltäglichen Handlungen und Wünsche an ihrem ökologischen Effekt neu orientieren sollten, bevor die Erde für den Menschen verloren sei. Schon seit 2014 lebt der Planet auf Kredit, ökologisch gesprochen …

Da die ›arts premiers‹ sich besonders dafür anbieten, unsere Beziehung zu unserer Umwelt, zu unseren Mitmenschen wie auch zur Tier- und Geisterwelt neu zu beleben, begann eine Idee die Runde zu machen: Es war unser Überleben, das von diesem Museum abhing – und von seiner freien Zugänglichkeit. (Die Ankläger wussten von Anbeginn, dass sie einen Irrweg eingeschlagen hatten – »eine Herde, die blind auf den Abgrund zustürmt« –, und sie sahen sehr schnell, dass sie, indem sie Paris widersprachen, mit Positionen jonglierten, die sich gegenseitig ins Wanken bringen mussten. Ihnen war klar, dass die Listigkeit ihrer Argumente nur temporäre Schminke darstellte über den unauslöschlichen Gesichtszügen dieser sehr alten »Kolonialisierung der Gemüter«. Sie wollten von sich aus die Stoßrichtung ihrer Kampagne korrigieren, um den Europäern keine Möglichkeit zu geben, den Kampf zu diskreditieren, den sie seit 2016 führten. Es ging nicht darum, Europa sich in den Ungereimtheiten seiner eigenen Geschichte verfangen zu lassen, sondern um die Neuerfindung der gegenseitigen Beziehungen. »So vieles ist bei uns eine Frage des

Geldes geworden (wie die Fotos, die zu knipsen man freundlich von den Leuten eingeladen wird, um im Nachhinein im Namen der Freundschaft um einen Schein gebeten zu werden), seitdem ihr uns gelehrt habt, uns wie Raubtiere zu verhalten, die wir vorher nicht waren … *Was sich zu Geld machen lässt*, besagt ein altes Sprichwort der Bamileke, *hat nur den Wert des Geldes.*«

Im Rahmen dieser königlichen Prozedur wurde ein grundlegendes Paradoxon offenbar: Die europäische Identität gehörte (noch) nicht zu den Bereichen, um welche sich die europäischen Instanzen bemühten. Ebenso wie ein Kind sich hilfesuchend an seine Eltern wendet, wenn ein Erwachsener es nach seinem Namen, seinem Alter fragt, es ein Eis möchte oder eine Ohrfeige befürchtet, wandten sich die Kommissionen in Europa nun verzweifelt um Hilfe bittend an die Mitgliedsstaaten, über das gesamte Jahr 2019 hinweg. »Bitte antworten Sie selbst. Uns wurde in der Frage, was kostenpflichtig ist und was nicht, keinerlei Kompetenz übertragen.« Wie eine heiße Kartoffel wurde die Affäre von Abgeordnetem zu Abgeordnetem weitergereicht, denn niemand in diesen Kommissionen war mit auch nur einem Märchen oder Sprichwort vertraut, das ihnen ermöglicht hätte, so dachten sie, die ausgefeilten juristischen Haarspaltereien des Königs von Bangoulap zu durchschauen ... Der berufliche Werdegang dieser Männer schien bis dahin doch allein durch die dringende Notwendigkeit bestimmt gewesen zu sein, die Ansätze der politischen Linken ins Lächerliche zu ziehen, welche es geschafft hatte, mit diesem europäischen Konstrukt einige progressiv geprägte Hoffnungen zu wecken, obwohl es doch aus der Europäischen Gemeinschaft für Kohle und Stahl hervorgegangen war: Ihre Aufgabe bestand nun darin, die Idee der Tobin-Finanztransaktionssteuer zu demontieren, die Kritiker der Deregulierung zum Verstummen zu bringen, den Kampf gegen das Staatsdefizit durchzusetzen, indem man die Verschwendung von Geldern durch den Sozialstaat anprangerte, sich über den Begriff des »Postwachstums« lustig zu machen, Pragmatismus zu proklamieren, Banken zu retten, sich gegenseitig unter die Arme zu greifen etc.

Die Anspannung steigerte sich noch einmal, als nach einem Jahr eine gewisse Forderung doch wieder aufs Tapet gebracht wurde: kostenlose Visa. Diese andere Form der Kostenlosigkeit entwickelte sich zu einem eigenständigen Zweck. In Brüssel verstand man dies sofort. Man verbrachte schlaflose Nächte. War es nicht unmöglich, denjenigen ein Visum zu verwehren, die ihre Reise mit dem Wunsch des Besuchs einer Ausstellung begründeten? Was humanitäre Forderungen mittels des Instruments der Familienzusammenführung nicht hatten durchsetzen können, sollte nun durch affenartige Totems und mottenzerfressene Kostüme möglich werden? »›Ich möchte diese alten Papageienfedern aus Obervolta sehen, die gerade in Granada oder Manchester ausgestellt werden‹ und hopp, kommst du gratis rein?! Wollen Sie uns sagen, dass wir keinen Visumsantrag mehr ablehnen können?! Und wozu dann die Schengen-Verträge?! Als das neue Toilettenpapier von Afrika?!« Ja, in Brüssel würden die Nächte für lange Zeit schlaflos bleiben.

Die Affäre flammte wieder auf, und zwar schneller, als wenn der Ball wieder ins Lager der Kameruner zurückgespielt worden wäre. Aus einer Partie Tennis oder Pingpong wurde nun eine Runde Carambolage mit drei Billardkugeln. Unter denen, die es besonders entnervend fanden, diesen, wie sie sagten, Buschkönigen nachzugeben, befanden sich die Italiener – insbesondere der Unterhändler bei der Restitution des Obelisks von Axum. Nach zehn Jahren der Verhandlung hatte Äthiopien 2005 die Rückgabe des Monuments erreicht, das 1937 von den Truppen Mussolinis geraubt worden war. Da ihnen diese Affäre noch in schmerzhafter Erinnerung war, und um zu verhindern, dass ihre europäischen Kameraden sich geneigt fühlten, der Erpressung der Bamileke-Könige nachzugeben, inszenierten die Italiener ihren Gegenschlag: Sollten die Afrikaner den kostenfreien Eintritt auf der Basis der Rückforderung von fünf Ästen und drei Federn zugesprochen bekommen, würden wir für die Italiener den freien Zutritt zu allen großen Museen anderer Länder fordern – »insbesondere für den Louvre, sehr geehrte Herren Franzosen, wo, ob es Ihnen gefällt oder nicht, so viele der Meisterwerke der italienischen Kunst zu finden sind«. Der französische Abgeordnete zuckte nicht einmal zusammen, als er diese explosive Forderung erhielt, fast als wäre er vorgewarnt worden. Was in der Tat der Fall war. Denn bei einem Kaffee, den wir am Tag vor der neuerlichen Versammlung tranken, hatte ich ihm diese brüllend komische Anekdote erzählt: Am Abend des Finales der Fußballweltmeisterschaft von 2006, als Materazzis Italien gegen Zidanes Frankreich gewann, filmte ein Journalist in Neapel durch Zufall einen überglücklichen Mann, der vor der französischen Kamera forderte: »Und jetzt gebt uns endlich die *Mona Lisa* zurück!«

Den Louvre kostenlos zugänglich zu machen, wäre zu diesem Zeitpunkt ein rein französisches Problem gewesen. Die Museen von London waren es bereits, und einige deutsche Museen hatten sich daran ein Beispiel genommen. Aber das wahre Problem war nicht der finanzielle Verlust – obwohl dieser gerade im Louvre enorm wäre. Das wahre Problem war dieser tiefe und dunkle Abgrund, der sich hier auftat und den die Kameruner noch ausloteten, die offenbar keine Angst vor der Düsternis hatten. Sie stiegen immer weiter hinab, und die Europäer, welche oben am Rand geblieben waren, mussten sich mit der Rolle derjenigen zufriedengeben, die die Stellung hielten und von Zeit zu Zeit von denen, die hinuntergeklettert waren, eine Nachricht in Form abstrakter Zeichen über das Sicherungsseil erreichte. Im Frühjahr 2019 erreichte sie so aus Kamerun eine neue Forderung, mitsamt einer drohenden Mahnung: Wenn die Europäische Union sich nicht durch die Restitution von den ältesten Spuren ihrer Geschichte trennen wollte, vom noch brennenden, lebenskräftigen Herzen seiner Identität, sollte man neben der Kostenlosigkeit der Ausstellungen auch über das Ausleihen der »Kinder« dieser ›arts premiers‹ nachdenken. Die Afrikaner sollten sie sehen dürfen, auch ohne sich in Europa einen abfrieren zu müssen. Wenn der Ursprung des Gestus, der zur *Mona Lisa* oder dem *David* geführt hatte, in der afrikanischen Kultur zu finden war, befand sich Afrika im Recht, eine Art moralisches Eigentum an diesen Werken einzufordern, ein Besuchs- oder geteiltes Sorgerecht. Ingres und Courbet würden endlich den Schwarzen Kontinent entdecken. Die Stammesoberhäupter forderten, nur vorübergehend natürlich, Werke Bellinis, Tizians, Jackson Pollocks oder Bram van Veldes in ihren Museen ausstellen zu dürfen. Das oder die vollständige Öffnung der Grenzen. »Wenn Sie nicht wollen, dass wir weiterhin die Öffnung der Grenzen auf der Basis des unverjährbaren Eigentums an unseren Totems und Thronen und die Kostenlosigkeit der Visa etc. fordern, müssen Sie akzeptieren, uns einige Werke anzuvertrauen, damit unsere Bevölkerung diese ohne Hindernisse und unter guten Bedingungen kennenlernen können.«

Als die Kuratoren des Louvre diesbezüglich einbestellt wurden, glaubten sie zuerst, einen Witz zu hören. Gleichzeitig war ihnen jedoch klar, dass die Europäische Kommission selbst selten Witze machte und dass sie – *God is gracious* – außerdem der Kaste angehörten, denen man selten welche erzählte – was sie als ein Zeichen beruflichen Erfolgs ansahen. Während sie sich also noch dem Eindruck hingaben, es handle sich um einen Scherz, war dies gleichzeitig schon getragen von einer tief empfundenen *Hoffnung*, da sie bereits vor der Möglichkeit zitterten, dass dies gerade nicht der Fall sein könnte, sondern es sich um etwas handelte, das ihnen über den Kopf wuchs und weit über ihre Macht hinausging. Sie waren es gewohnt, mit dem Kulturminister oder sogar dem Präsidenten zu verhandeln. Doch diesmal war ihr Gegenüber ihnen nicht vertraut, sie konnten keinerlei Autorität geltend machen und hatten wenig gemeinsame Freunde. Mit einem Wort: Sie begannen Blut und Wasser zu schwitzen. Es lief ihnen kalt den Rücken herunter. Die Vision, das *Floß der Medusa* im Louvre von der Wand zu nehmen, um es nach Bangoulap zu verschicken, wo es im Hochzeitssaal ausgestellt werden sollte, dem Thronsaal, wo man freundschaftlich Bier teilte. Bei dieser Vorstellung fielen zwei der vier Kuratoren, die nach Brüssel gekommen waren, in Ohnmacht: Nach den Zusammenkünften mit der Europäischen Kommission hatten sie entschieden, im La Roue d'Or zu Abend zu essen, in der Nähe des Grand-Place, um sich »einen zu genehmigen«, bevor sie mit dem Thalys nach Paris zurückführen. Doch bereits bevor das erste Bier Wirkung zeigen konnte, wurde zwei von ihnen schwarz vor Augen. Ich fand den Bericht darüber als unauffällige Kurzmitteilung in einer Ausgabe der *La Libre Belgique* im Januar 2019.

Der Zusammenbruch der beiden Konservatoren, der Einsatz der Feuerwehr, die Tatsache, dass all dies in die Öffentlichkeit getragen wurde – wie sporadisch und läppisch doch die Berichte rund um diese Forderungen blieben (*Le Monde*, *Libération* und *Le Figaro* widmeten dem Thema einmal pro Jahr eine halbe Seite, deren Inhalt zwischen Spott, Unverständnis und Besorgnis schwankte) –, ließen die französischen Unterhändler zu einer Wut zurückfinden, die sie zuvor hinter sich gelassen hatten, als sie die Idee verteidigten, dass die kamerunischen Fetische in gewisser Weise die Wurzeln der wichtigsten Werke des europäischen Genius darstellten. »Der französische Universalismus bekommt Farbe«, amüsierte sich *Le Canard enchaîné*. Und da es unmöglich erschien, sich dem gesamten frankofonen Afrika entgegenzustellen, entlud sich die französische Wut auf die Italiener – wir kommen zurück zum Ausgangspunkt –, welche sich schuldig gemacht hatten, eine Situation, die bereits undurchschaubar war, nun völlig durcheinanderzubringen. Nun war völlig unklar geworden, wer eigentlich was forderte. Und für oder gegen wen. Der Zorn war einhellig, doch worum ging es hier eigentlich? Um die Ressentiments der Franzosen gegenüber den Italienern oder die der Italiener gegenüber den Äthiopiern – die sich doch völlig still verhielten, seit man ihnen dieses riesige, hässliche Ding aus massivem Granit zurückgegeben hatte – oder die Feindseligkeiten der Engländer gegenüber dem Rest Europas, welches von britischer Seite oft genug als Klotz am Bein empfunden wurde. »Einen Gainsborough oder einen Turner nach Nigeria schicken? *You must be joking!*« (Dass sie lange die Herren in Nigeria gewesen waren, tat hier nichts zur Sache, denn ohne diese verfluchte europäische Solidarität wären sie von dieser Forderung völlig unberührt geblieben, die zuerst in Kamerun formuliert wurde und direkt an das Musée du quai Branly gerichtet war.) Nicht zu vergessen: die Wut der Mitgliedsstaaten des Schengen-Raums; es war mehr als ärgerlich, vor diesen paar hundert Stammeschefs buckeln zu müssen, nachdem es gelungen war, in Ceuta, Melilla und Lampedusa Tausende aufzuhalten. Und die genaue Zahl liegt sicher höher, sagen sie mit gesenkter Stimme, denn es waren auch viele Tausende, die in den letzten fünfzehn Jahren vor diesen Küsten ertrunken waren. Nicht zu vergessen der Unmut der Grenzschützer, die in diesen Regionen tätig waren. Sie mussten nun entdecken, dass es eine Kommission »Kultur« gab, und sie ließen sich tagelang erklären, wie es zu dieser Situation hatte kommen können, wobei sie sich auf ärgerliche Weise in der tiefen Verachtung bestätigt fühlten, die sie für die kulturelle Elite ihrer Länder empfanden: Diese subventionierten

Taugenichtse, über die sie sich regelmäßig ohne jede Scham lustig machten, hatten ein Monster geschaffen, fähig, die von ihnen bedienten technologischen Wundergeräte lächerlich und veraltet dastehen zu lassen (diese unersetzlichen Infrarotbrillen, mit denen sie die Grenzgebiete überwachten, hochentwickelte Radar- und Sonarsysteme, superschnelle Fregatten und Fähren, die die Rüstungshersteller und -händler der verschiedenen Armeen der am wenigsten demokratischen Länder rund um das Mittelmeer verkauften, damit diese die Armen ihres Landes noch in ihren eigenen Gewässern aufhalten konnten etc.) – »Diese Schlamperei ist also auf deren Mist gewachsen!« Das war wirklich zu viel! Der beste Stoff für die Stunden, die sie in der Bar verbringen würden, wenn sie einmal in Rente gegangen waren.

Kurz gesagt: Es war ein Krieg, ein Zermürbungskrieg, ein Nervenkrieg. Erbost von der italienischen Provokation, forderte Frankreich im April 2019 freien Eintritt für jedermann für alle kulturellen Orte. Es war Krieg, ein hysterischer Krieg, aber dennoch ein Krieg. Allein die Stammesoberhäupter der Bamileke legten eine gewisse Ruhe an den Tag: Besonnen beobachteten sie seit dem Beginn des Verfahrens dieses unerwartete Phänomen. (Die Redewendung »Man fängt einen Hasen und, siehe da, es ist ein Löwe« scheint aus dieser Zeit zu stammen.) In ihrem Strudel der Wut verloren alle aus den Augen, was gerade geschah. Und doch: Europa war dabei, kostenfrei zu werden. Ein positiver Teufelskreis war in Gang gekommen, der dazu führen könnte, dass die Staatschefs ihre eigene Kultur von den Spuren der europäischen Raubtierhaftigkeit befreiten. Wenn Europa kostenfrei würde, konnte man aufgrund der unzähligen Beziehungen zwischen den Kontinenten darauf wetten, dass auch in Afrika einige Idole in Rauch aufgehen würden, z. B. der Gott *Pognon*[5]. Man würde auch hier eine gewisse Kostenlosigkeit wiedererlernen. Es war ein Glück für diesen Kontinent, dass diese Götter ungleich jünger waren; ihre Verwurzelung reichte nicht sehr tief, sie würden leicht auszureißen sein. Ganz anders als in Europa. Doch auch wenn er nur langsam in Gang kam, der Prozess schien unaufhaltbar. Europa war auf dem Weg, kostenfrei zu werden, und das war schwindelerregend. Diese Kostenfreiheit, deren lange Geschichte wie schlafend unter dem Lauf der Dinge verschüttet war, kam nun mit neuer Kraft wieder ans Tageslicht – ohne zu zagen.

Malesco, August 2014

Anmerkungen der Übersetzerin

1 Die Chefferien Kameruns sind traditionell tief verwurzelte Mikro-Staaten oder Fürstentümer, welche von einem Fon, dem König oder Häuptling, regiert werden. Gerade im Gebiet der Bamileke ist diese Tradition noch sehr lebendig, trotz der Übertragung der politischen und rechtlichen Entscheidungsmacht auf die demokratischen Instanzen. Der Ausdruck wird, wie in diesem Text, auch für die Residenz des Fon gebraucht.

2 Bezeichnung der Fürsten. Das Wort bedeutet wörtlich übersetzt: Löwen.

3 Das von dem Architekten Jean Nouvel entworfene Musée du quai Branly vereinigt seit 2006 die

ethnologischen Sammlungen aus dem Musée de l'Homme im Palais de Chaillot und aus dem 2003 geschlossenen Musée national des arts d'Afrique et d'Océanie, ehemals im Palais de la Porte Dorée.

4 Der Begriff wird im Französischen seit etwa zehn Jahren anstelle von ›arts primitifs‹ verwendet. Damit sind ethnologische Sammlungen gemeint.

5 Franz. umgangssprachlich für Geld.

BÉNÉDICTE SAVOY

Das Erbe der Anderen

Zu Arno Bertinas *Mona Lisa in Bangoulap*.

Die Fabel vom Weltmuseum

Museumsforschung ist Komplexitätsforschung. Sie verwehrt sich der Vereinfachung und fürchtet sich vor Reduktionen. Wer um die Mühsal einer historisch fundierten, ethisch vertretbaren und politisch praktikablen Denk- und Ausstellungstätigkeit von Weltmuseen heute und in Zukunft weiß, wird Arno Bertinas klug subversive Fabel als Befreiungsschlag empfinden. Die Fragen, zu deren Beantwortung seine *Mona Lisa* beiträgt, gehören zu den dringlichen und wohl auch unbequemsten unserer Zeit. Nicht, dass sie neu wären. Die größte Restitutionsdebatte aller Zeiten fand vor zweihundert Jahren statt, als die gekrönten Häupter Europas nach Napoleons Sturz erwogen, Frankreich all die Schätze zu überlassen, das es während und nach der Revolution in den von ihm besetzten Ländern konfisziert und nach Paris abtransportiert hatte. In den damaligen öffentlichen Diskussionen verliefen die Fronten weniger zwischen den Nationen (alle gegen Frankreich) als zwischen den Generationen: Jüngere Intellektuelle, etwa Vertreter der Romantikergeneration wie Jacob Grimm, setzten sich vehement *für* die Rücknahme ein, ältere, noch im kosmopolitischen Geist der Aufklärung aufgewachsene Protagonisten wie Alexander von Humboldt, um nur ein Beispiel zu nennen, argumentierten *gegen* Restitutionen. Schließlich kam es 1815 zur spektakulärsten Restitution aller Zeiten – Tausende von antiken Statuen und Gemälden aller europäischen Schulen gingen von Paris an ihre legitimen Eigentümer zurück.

Damit ist das Zeitalter der Museen angebrochen: Im Konkurrenzgefüge der Nationen spielen die Ausstellungshäuser, und darin vor allem die kunsthistorischen, archäologischen, ethnologischen und paläontologischen Sammlungen, eine prominente Rolle. Macht-, Wissens- und Finanzasymmetrien begünstigen den massiven Transfer von Funden und Artefakten in die großen Städte Europas und später der USA. Wer in seinem Museum die meisten und spektakulärsten Objekte am schönsten und wissenschaftlich korrektesten präsentiert, stilisiert sich als legitimer Eigentümer des Kulturerbes der Menschheit. Die Entwicklung der Schifffahrt, Eisenbahnen und Flugzeuge und der internationalisierte Kunsthandel erleichtern ihren Transport. Dabei begleiten Rückgabeforderungen von Museumsobjekten, die im 19. und 20. Jahrhundert den Weg vom »Süden« in den »Norden« fanden, seit vielen Jahrzehnten das Leben vieler Museen: Die Reklamation des Genter Altars durch das kleine Belgien hatte schon 1919 Erfolg, die erste Forderung nach Restitution der Nofretete-Büste datiert bereits von 1925. Meist blieben die Anfragen wie in diesem Fall ohne Folgen.

Displaced Objects

Wem gehören die *displaced objects*, die heute in London, Paris, Dresden, New York oder Berlin präsentiert werden? Wessen (ungemütliches) Erbe sind sie? Wie gehen wir, die wir uns weder mit den Scheußlichkeiten des Kolonialismus noch mit den Pathosformeln alter und neuer Nationalismen identifizieren, mit diesen Objekten um? Und was, wenn sich über die aufzuarbeitende Geschichte der Artefakte im Laufe ihres Daseins als Museumsobjekt eine neue historische Schicht legt – zum Beispiel der früher in Berlin lagernde und dann nach Moskau gebrachte Schatz Trojas, der zum Dokument des Sieges im Großen Vaterländischen Krieges wurde, oder expressionistische Gemälde in Chicago als Dokumente des

Widerstands gegen die Nationalsozialisten und der USA als Ort der Freiheit?

Auf diese Fragen gehen Museen und Staaten nur ungern ein. Der Impuls kommt in der Regel von außen. Anfang der Neunzigerjahre führten in den USA Forderungen indigener Völker zur Verabschiedung des *Native American Graves Protection and Repatriation Act*. Es legt Verfahren und Rechtsstandards für die Rückführung von Objekten fest, die zum kulturellen Erbe indigener Gemeinschaften gehören. Etwa zehn Jahre später mussten Kunstmuseen vor allem in Deutschland und Österreich lernen, unter erheblichem öffentlichem und juristischem Druck Kunstwerke, die während der NS-Zeit in ihre Sammlungen gelangt waren, aufzufinden und für ihre Rückgabe zu sorgen. Spätestens seit der Zuspitzung der *relocation debate* der Elgin Marbles von London nach Athen um 2000 sowie der immer wieder aufflammenden Diskussion um eine mögliche Ausleihe der Nofretete-Büste von Berlin nach Kairo ist auch in Europa die Zeit eines unbekümmerten Umgangs mit archäologischen Sammlungen passé. Das haben auch die heftigen Kontroversen gezeigt, die das 2006 in Paris eröffnete Museum für außereuropäische Kunst, das Musée du quai Branly, auslöste, dem Geschichtsvergessenheit und eine lediglich auf ästhetische Effekte abzielende Szenografie vorgeworfen wird. Zwar sind archäologische, ethnologische, kunsthistorische *displaced objects* keine homogene Gattung. Ihre jeweiligen De-Lokationen fanden unter historischen, politischen, intellektuellen Umständen statt, die in ihren unterschiedlichen Singularitäten erkannt und ernst genommen werden müssen. Auch die möglichen Restitutionsforderungen, die diesen Objekten anhaften, entspringen bestimmten Kontexten: Von wem, wann und zu welchem Zweck hier die Stimme erhoben wird, ist von grundsätzlicher Relevanz für den Umgang mit ihnen. Dennoch: Bei allem Bewusstsein für die historische Vielfältigkeit der Provenienzen nimmt bei vielen die gewohnheitsmäßige Bereitschaft ab, die Präsenz solcher Objekte in den großen Museen Europas stillschweigend hinzunehmen. Nicht nur in den Herkunftsländern, überall in der westlichen Welt werden Stimmen laut, die Formen und Folgen der vergangenen Aneignungspraktiken Europas in der Welt thematisiert wissen wollen. Dass Arno Bertinas *Mona Lisa in Bangoulap* 2015 in Frankreich in einer Reihe erschien, die sich zum Ziel setzt, Europas Zukunft neu zu denken, ist bezeichnend. Die Vergangenheit unserer Museen und die Zukunft Europas hängen zusammen.

Unbehagen am Museum

Das Unbehagen am Museum artikuliert sich zunehmend in Feuilletons, in Stellungnahmen von NGOs, in künstlerischen Interventionen von Ai Weiwei bis Kader Attia. Sogar die Filmindustrie hat das kommerzielle Potenzial von *relocation*-Debatten erkannt: Sie ließ Kung-Fu-Star und Filmproduzent Jackie Chan die obligatorischen Prügel- und Verfolgungsszenen in dem 2012 abgeschlossenen Film *Chinese Zodiac* unter dem moralischen Banner der Rückführung von Kunstwerken laufen, die Frankreich und England 1860 aus dem Sommerpalast in Peking geplündert hatten. In der aktuellen Phase beschleunigter Globalisierung, möchte man meinen, müssten gerade Museen als Kinder früherer Globalisierungsschübe in der Lage sein, sich den komplexen Spielregeln und Herausforderungen der Gegenwart, das heißt auch diesem Unbehagen, zu stellen. Doch gerade sie tun sich mit dem Paradigmenwechsel schwer, nicht nur in Bertinas Musée du quai Branly. Steif, verstockt und unbeholfen wirken oft ihre Versuche, auf das gesteigerte Diskussionsbedürfnis der Öffentlichkeit zu reagieren. Das Überhören von Fragen, der Rückzug auf die juristischen Rahmenbedingungen der Vergangenheit und das großzügige Ausweichen auf Aktionismus (»Labs«), die den Kern des Problems nicht treffen, gehören zu ihren aktuellen Strategien. Das ist umso erstaunlicher, als Museen ihre Existenz der grenzüberschreitenden Zirkulation von Objekten verdanken, der intellektuellen und physischen Mobilität von Individuen, die im Sammeln, Ordnen und Erforschen materieller Zeugnisse fremder und alter Kulturen einem zum kollektiven Bedürfnis erklärten Wissensdrang folgten und folgen. Diese Individuen interagieren sowohl miteinander als auch zu unterschiedlichen Zwecken und Zeiten mit wechselnden Instanzen aus Politik, Wirtschaft und Wissenschaft, aus der Tourismusindustrie und dem Kunsthandel, dem Handel insgesamt und der Rohstoffindustrie, bisweilen auch dem Militär. Diese Interaktionen erfolgen und erfolgten schon immer in unterschiedlichen Räumen, von lokal bis global, von konfliktreich bis konsensuell. Museen wissen genau, dass selbst kleinste Veränderungen im System (veränderte Besuchertypen, Umzüge von Sammlungsteilen, Verdacht auf Fälschungen) sich auf das Ganze auswirken. Umgekehrt gilt: Veränderungen in der globalen Welt, z. B. die Wiederkehr der Religion in den Gesellschaften und die damit einhergehende Re-Sakralisierung musealisierter Objekte, machen sich in Museen schnell bemerkbar. Wie die meisten komplexen Systeme sind Museen zwar auch robust. Doch werden kritische Grenzen überschritten, können auch sie leicht aus der Balance geraten. Allerdings müssten komplexe Systeme wie Museen in einer komplexen Welt besser gewappnet sein als andere, angemessen auf

Veränderungen zu reagieren – wenn sie nicht aus Angst vor der eigenen Komplexität und Vergangenheit unbequemen Fragen ausweichen.

Besitz und Eigentum

Wem also gehören die Objekte? Der Charme von Bertinas Fabel ist, dass sie die Frage gar nicht stellt. Der Autor erspart uns die Anstrengung der in der realen Welt so oft geführten frustrierenden Diskussion um Legalität oder Illegalität, Legitimität oder Illegitimität der Präsenz archäologischer und ethnologischer Werke in Museen. Stattdessen spielt er stillschweigend und virtuos mit zwei Kategorien, die in der realen und medialen Welt kaum unterschieden werden: dem Besitz und dem Eigentum. Der Besitz, so lehren es juristische Handbücher, bezeichnet die »tatsächliche[.] Gewalt über eine Sache« (BGB § 854 Abs. 1). Der Besitzer hat diese Sache unter seiner Herrschaft, er sitzt darauf und verfügt über sie, unabhängig davon, ob diese Sache ihm auch rechtlich gehört. Der Eigentümer dagegen hat die rechtliche Herrschaftsmacht über eine Sache, er kann mit ihr »nach Belieben verfahren und andere von jeder Einwirkung ausschließen« (BGB § 903). Er muss aber nicht in ihrem Besitz sein. Sein Eigentum, das ihm Eigene, bleibt ihm auch erhalten, wenn ihm die Sache entwendet wird. »Der Dieb, der sich dein Fahrrad aneignet, ist der Besitzer des Rades, dessen Eigentümer du bleibst«, könnte ein Merksatz für angehende Juristen lauten.[1] Auf Restitutionsdebatten angewandt birgt diese Unterscheidung ein erheblich entspannendes Potenzial. Nach ihr lassen sich Museen als Besitzer von Objekten bezeichnen, die in ihrer Gewalt sind und über die sie verfügen, ohne dass sie ihnen rechtlich gehören müssen – das ist wohl insgeheim der Sinn einer Bezeichnung wie »Preußischer Kulturbesitz«. Eigentümer dagegen bleiben selbst bei Verlust diejenigen, denen die Objekte »eigen« sind. Mein Eigentum in deinem Museum – das ist einer der Subtexte, die Bertinas Fiktion unterlegt sind. Und tatsächlich stellt der König von Bangaloup das Pariser Museum als besitzende und beschützende Institution keineswegs infrage, im Gegenteil. Er weiß offenbar sehr wohl zu schätzen, dass sich in den vergangenen zwei Jahrhunderten die europäischen Museen um die Objekte bemüht haben, dass es diese Objekte ohne deren Mühen und Gelder, gerade in ethnologischen Museen, physisch schlichtweg nicht mehr gäbe und dass viele Kulturen, die heute vergangen sind, nur noch in der physisch manifestierten Erinnerung der westlichen Museen, Bibliotheken oder Archive leben. Was der König von Bangoulap zunächst leise verlangt, ist der freie Zugang zu seinem Eigentum. Erst als ihm der erste Versuch misslingt, greift er zur Waffe des Gegners und droht, wieder den tatsächlichen, materiellen Besitz seiner Objekte zu reklamieren, als Eigentümer mit Restitutionsforderungen also. Bei aller Großzügigkeit in der Handhabe seiner Güter kommt ihm das Entrichten eines Eintrittsgeldes unangebracht vor: »Bezahlen, um ein Werk der eigenen Vorfahren sehen zu dürfen?«

Freier Eintritt

»Ein herrlicheres Schauspiel haben die Nationen noch nicht erlebt. All diese kostbaren Objekte, von denen man das Volk bisher entfernt hielt oder die man ihm nur zeigte, um es in Staunen oder Respekt zu versetzen, all diese Reichtümer gehören ihm. Sie werden in Zukunft der öffentlichen Bildung dienen«.[2] 1793, als das revolutionierte Frankreich sich des eigenen Kulturerbes bewusst wurde und sich anschickte, in ganz Europa Werke der Kunst und der Wissenschaft *en masse* zu beschlagnahmen, um damit seine neu gegründeten Museen zu füllen, entwickelten französische Museumstheoretiker das Konzept der Sammlung als Volkseigentum. In London war das British Museum zwar bereits seit Jahrzehnten dem interessierten Publikum unentgeltlich zugänglich. Auf dem Kontinent aber, in Deutschland vor allem, schränkten im 18. Jahrhundert Kleidungsordnungen, hohe Eintritts- und Trinkgelder den freien Zutritt zu vielen öffentlichen (meist fürstlichen) Museen und Galerien ein. Schon damals sorgte dies für heftige Kritik unter europäischen Reisenden: »Es kostet in Dresden ein Heidengeld, all die schönen Dinge zu sehen, was schändlich ist, da sie doch dem Fürsten gehören«, schrieb ein Brite 1764 über die universalen Kunstsammlungen Sachsens.[3] Aber spätestens nach der Französischen Revolution und den Erfahrungen mit den »Gratismuseen für alle« entwickelte sich das Konzept zum Standard in der europäischen

Museumspraxis. Selbst in Deutschland, wo der »unverschämte Brauch der schamlosen Auspressung neugieriger Fremder«, um einen aufgebrachten belgischen Kunstliebhaber zu zitieren,[4] sich lange hielt, konnte sich der freie Eintritt in Museen spätestens in den Dreißigerjahren des 19. Jahrhunderts durchsetzen. Darauf waren die Berliner stolz: »Für keine der Sammlungen ist der Eintritt zu bezahlen, und den Beamten ist bei Cassation verboten, während ihrer Dienst-Funktionen Geschenke zu fordern oder anzunehmen«, hieß es kurz nach Eröffnung des neu erbauten preußischen Museums gegenüber dem Stadtschloss im Jahr 1830.[5] Von dieser damals nach mühsamem Kampf zur Selbstverständlichkeit gewordenen Konvention haben wir uns heute stillschweigend verabschiedet. Kultur muss teuer sein, um überhaupt gewürdigt zu werden, und vergessen Sie bitte nicht die Betriebskosten. Die ursprüngliche, auch »primitiv« genannte

Akkumulation archäologischer und außereuropäischer Kunstwerke in den Museen Europas erzeugte ein symbolisches *und* ein reales Kapital. Dass in unserer globalisierten Welt Museen zu Warenansammlungen mutieren, zu Marken und Versicherungswerten, schafft ökonomische Verhältnisse, die mit dem Begriff der Kultur als ideelles, teilbares Erbe der Menschheit nicht ohne Reibungen in Einklang zu bringen sind – auch wenn die Produktion von Kulturgütern immer schon durch die Ökonomie bedingt gewesen sein mag. Die ökonomische Funktionalisierung materieller Zeugnisse vergangener und entfernter Kulturen trägt ohne Zweifel zum Unbehagen am Museum bei, in den Ursprungsregionen wie auch bei uns.

Shared Heritage

2018, wenn bei Bertina infolge der afrikanischen Erpressung Europa ins Chaos stürzt, wird in der realen Welt auf Deutschlands Initiative hin das Europäische Kulturerbejahr unter dem Slogan »Sharing Heritage« stehen. »Shared« oder »Sharing Heritage«, das geteilte oder zu teilende Erbe: Das sind Begriffe mit Migrationshintergrund, deren wundersame Wanderung von wissenschaftlichen Diskursregionen in die Sphäre der Museumskommunikation und der Politik jüngst stattgefunden hat. In den Neunzigerjahren entwickelten Historiker den Begriff, um vielfältige, immaterielle Verflechtungsphänomene im Bereich etwa der Identitätsforschung zu beschreiben. Die Historiographie der letzten Jahrzehnte hat die globale Kommunikation, den interkulturellen und transnationalen Austausch zum Normalfall der Geschichte erklärt; *connected*, *shared* oder *entangled history*, *transferts culturels* und *histoire croisée* gehören zu den zahlreichen Labels, unter denen transkulturelle Perspektiven und Zugänge in der Forschung gefördert und diskutiert werden. Der Fokus ist dabei auf immaterielle Dynamiken gerichtet (Identitätskonstruktionen, Erinnerungskulturen, Wissenstransfers). In der aktuellen Museumsrhetorik aber meint »shared heritage«, dass Museen als Besitzer außereuropäischer Objekte von sich aus entscheiden, in »Kommunikation« mit den Herkunftsländern, mit Kulturwissenschaftlern, Künstlern und Vertretern indigener Gruppen treten zu wollen, um ihre Sammlungen »neu« zu erschließen. Die Welt, so meinen sie, soll damit lesbarer gemacht werden – multiperspektivisch und in der Überschreitung nationaler Grenzen.

Das klingt gut (auch wenn es so tut, als hätten die großen Museumswissenschaften Ethnologie und Archäologie das nicht schon immer so betrieben), operiert aber mit einer Metaphorik, die sich zwar für ideengeschichtliche Untersuchungen und die De-Konstruktionen nationaler

Vorannahmen und Ideologien hervorragend eignet, in dem Augenblick aber problematisch – manche würden sagen: verlogen und zynisch – erscheint, wenn reale, nur schwer überschreitbare politische und ökonomische Barrieren den tatsächlichen Zugang zum »gemeinsamen Erbe« sperren oder Ängste dazu führen, dass die »geteilten Objekte« nur in bestimmte, für sicher gehaltene oder finanzkräftige Weltregionen reisen dürfen. Auch das zukünftige Humboldt-Forum in Berlin wird gut daran tun, sich diesen Fragen zu stellen und sie nicht zu leichtfertig mit den schönen Phrasen der Museumskommunikation zu überpinseln. Nicht zuletzt angesichts der zunehmenden Abschottung Europas wirken Schlagworte wie »Shared Heritage« und »Multiperspektivität«, die in letzter Zeit einen Ausweg aus der Aporie juristischer Positionen zu bieten suchen, weder ganz ehrlich noch wirklich brauchbar.

Als Meister der Multiperspektivität formt der König von Bangoulap, kichernd, das einschmeichelnde, wissenschaftlich korrekte Lippenbekenntnis der Pariser Museumsfunktionäre zu einem auf die physische Realität des Objektes bezogenen Geschoss um, das aus eigener Kraft bumerangartig nach Europa zurückfliegt: Wenn Europas Wurzeln in Afrika liegen, wie sie argumentieren, dann müsste unter Verwandten der Begriff des »Shared Heritage« auch europäische Werke einschließen und der Louvre sich eben die *Mona Lisa* mit Kamerun teilen. Die *reductio ad absurdum* bringt, wenn schon keine Lösung, so doch wenigstens Humor und damit auch Bewegung in die komplexe Debatte.

Wollte man allerdings am Konzept der »Shared Heritage« festhalten, und warum eigentlich nicht, dann müsste man als europäisches Museum oder als besitzende Gesellschaft sich nicht nur im politisch korrekten Austausch mit den Herkunftsländern über die Bedeutungsebenen der Objekte verständigen, nicht nur von zeitgenössischen Künstlern die Antwort auf Fragen erwarten, deren Formulierung und Beantwortung gar nicht delegierbar sind, sondern sich selber ernsthaft und intensiv mit allen Methoden kritischen Erkenntnisgewinns die Frage stellen: Wie konkret und unter welchen Umständen hat die ursprüngliche Akkumulation dieser Werke in unseren Museen stattgefunden? Was erzählt der ungeheure Aufwand, mit dem archäologische und ethnologische Objekte nach Europa gebracht wurden, über Europas Bildungsideale der Vergangenheit? Auf wessen Kosten, im symbolischen wie realen Sinn? Was ist unser intellektueller Anteil an diesem materiellen Erbe? Was haben wir daraus gemacht, seitdem es uns zuteil geworden ist? Und was es mit uns?

Anmerkungen

1 Vgl. Bernhard Nagel: *Wirtschaftsrecht II. Eigentum, Delikt und Vertrag: Mit einer Einführung in die ökonomische Analyse des Rechts*, München, Wien [4]2003, S. 19.

2 Félix Vicq-d'Azyr, Germain Poirier, *Instruction sur la manière d'inventorier et de conserver*, Paris 1793, S. 3.

3 James Boswell, *Boswells Grosse Reise. Deutschland und die Schweiz 1764*, Konstanz 1955, S. 161.

4 François-Xavier Burtin, *Traité théorique et pratique des connaissances qui sont nécessaires à tout amateur de tableaux, et à tous ceux qui veulent apprendre à juger, apprécier et conserver les productions de la peinture*, 2 Bde., Brüssel 1808, Bd. 2, S. 3.

5 Gustav Klemm, *Geschichte der Sammlungen für Wissenschaft und Kunst in Deutschland*, Zerbst [2]1838, S. 242.

Erste Auflage Berlin 2016

Göhrener Str. 7, 10437 Berlin
info@matthes-seitz-berlin.de

Umschlaggestaltung: Pauline Altmann, Berlin, unter Verwendung eines Fotos von Ji-Elle unter Creative Common Lizenz CC-BY-SA-3.0: https://commons.wikimedia.org/wiki/File:Bamileke-Figuration_de_crâne-Musée_du_quai_Branly.jpg
Satz: Tom Mrazauskas, Berlin
Druck und Bindung: Pustet, Regensburg

Printed in Germany

ISBN 978-3-95757-346-9

www.matthes-seitz-berlin.de